1.6

BENJAMIN CONSTANT

L'ESPRIT
DE
CONQUÊTE

AVANT-PROPOS
DE
M. ALBERT THOMAS
Ancien ministre de l'Armement

PARIS
LIBRAIRIE BERNARD GRASSET
61, Rue des Saints-Pères, 61
1918

AVANT-PROPOS

Un hasard, quelques livres à ranger, nous fit retrouver l'autre jour la réédition du petit traité de Benjamin Constant : *De l'esprit de conquête*. Lecture courte, lecture de guerre. Quelques heures de voyage permettent de l'entreprendre. Et c'est une surprise amusée de constater aussitôt comme ces pages du fameux libéral sont actuelles et vivantes. Comment n'en pas parler entre amis qui lisent et qui tentent de réfléchir, de penser encore, au milieu de la tourmente brutale ? Comment n'en pas citer quelque passage, pour illustrer un discours ?... Un éditeur, toujours en éveil, comme Bernard Grasset, est ainsi averti, et le voici, l'audacieux, qui, sachant l'édition Ficker épuisée, n'hésite pas à lancer à nouveau Benjamin Constant ! Comment refuser maintenant quelques lignes de préface ? Je me contenterai de dire simplement, comme je l'ai senti à la lecture, ce qui me paraît faire aujourd'hui l'intérêt de ce petit traité.

Il y a quelques années, lorsqu'il fut une première fois réédité, avec une préface de M. d'Estournelles de Constant, bien des pacifistes le lurent sans doute avec ravissement. Analyse serrée, alerte et impitoyable de l'esprit de conquête, pointes cachées mais aiguës contre l'Empereur détesté, répugnance à l'esprit militariste, dangereux pour les sociétés libres, tout cela évidemment plaisait,

et aussi les critiques contre les juridictions militaires, contre la caste militaire ; et enfin et surtout,
le pressentiment chez ce libéral de quelques grandes
thèses modernes, comme celles de Norman Angel
sur les guerres coûteuses et accablantes même
pour le vainqueur, ou sur les nécessités économi-
ques qui imposeront finalement aux nations civilisées un régime de paix durable.

C'est Benjamin Constant en effet, qui écrit en
1813 : « *Chez les modernes une guerre heureuse
coûte infailliblement plus qu'elle ne rapporte* »
(p. 13). Et, malgré le démenti atroce que semblent
lui donner les événements actuels, tout lecteur qui
pense et qui espère ne pourra lire sans passion ce
beau et lumineux chapitre II « *sur le caractère
des nations modernes relativement à la guerre* »,
où il est démontré que « *la tendance uniforme du
monde moderne est vers la paix* » ; « *que la guerre
et le commerce ne sont que deux moyens d'arriver
au même but, celui de posséder ce que l'on désire* »;
« *que le commerce n'est autre chose qu'un hommage rendu à la force du possesseur par l'aspirant à la possession* » ; que l'un est né de l'autre,
et que la première doit être nécessairement tuée
par l'autre ; que l'une est l'impulsion sauvage,
l'autre le calcul civilisé ; que plus la tendance
commerciale domine, plus la tendance guerrière
doit s'affaiblir ; et qu'ainsi le peuple qui veut, en
pleine civilisation moderne, faire comme l'ancienne République romaine, son industrie nationale de la guerre, est forcément condamné à
échouer dans son entreprise.

Aujourd'hui encore, cette thèse centrale de tout le livre, thèse dont Benjamin Constant tire, à la lumière de l'expérience napoléonienne, toute une série de conséquences inéluctables pour la situation et la psychologie du peuple, qui veut être conquérant ou qu'on veut rendre conquérant dans une Europe commerciale, cette thèse n'a pas perdu sa valeur.

Mais ce qui accroît désormais l'intérêt de tout l'ouvrage, c'est l'application directe, cinglante, qu'en fait irrésistiblement à chaque ligne, notre esprit de Français, en guerre, à l'Allemagne conquérante. C'est avec une autre intelligence des faits que nous relisons maintenant cette vigoureuse démonstration, que nous reprenons une à une ces pures formules abstraites, qui tiennent de Rousseau, du Rousseau du *Contrat social*, et qui parfois semblent annoncer Saint-Simon, mais qui apparaissent toujours tellement réceptives de nos expériences nouvelles.

Sans doute, nous ne l'oublions pas, c'est contre la France, ou plutôt contre l'homme qui l'avait asservie, mais tout de même contre cette France de la fin de l'Empire où confusément le dégoût du régime impérial et le sentiment de l'indépendance nationale à sauvegarder tourmentaient les cœurs, que ce libéral, à l'esprit absolu, a écrit son traité.

Mais il est curieux de constater sa gêne : il sent bien que le peuple français d'alors n'a pas plus que celui d'aujourd'hui consenti à devenir conquérant. Il sent l'idée de liberté nationale qui anime beaucoup de soldats de Napoléon. Trois,

quatre fois, en ces quelques pages, il revient sur
la nécessité de distinguer entre le soldat qui combat pour sa patrie et le soldat asservi qui suit un
conquérant. On dirait qu'il justifie par avance sa
fameuse conversion de 1815, quand il se rallia à
Napoléon.

Quoi qu'il en soit, et à prendre en elle-même
dans son abstraction la vigoureuse analyse du phi-
losophe, l'application qu'on peut en faire à la
guerre actuelle éclate trop lumineusement pour
que l'esprit ne se plaise pas à la suivre. En face
de pays comme la France, qui ont voulu la paix
et ne luttent que pour leur liberté, l'Allemagne est
bien le peuple conquérant dans le monde commercial et civilisé que le subtil penseur a décrit. Telle
est la finesse de son analyse déjà vieille de plus
d'un siècle qu'on croirait parfois à une prédiction
et qu'en tout cas, elle paraît encore plus vraie
aujourd'hui.

Que de traits il faudrait citer, et si curieux !
Suivez cette description du peuple conquérant
nouveau, qui se meut et combat dans le monde
commercial. « *Il prendrait la férocité de l'esprit
guerrier, mais conserverait le calcul commercial* »
(p. 18). Son gouvernement n'oserait pas lui dire :
« *Marchons à la conquête du monde* ». « *Mais il
parlerait de l'indépendance nationale, de l'honneur national, de l'arrondissement des frontières,
des intérêts commerciaux, des précautions dictées
par la prévoyance ; que sais-je encore ? car il est
inépuisable le vocabulaire de l'hypocrisie et de
l'injustice* » (p. 30). Tout le développement qui

suit est vraiment admirable. Substituez à *arrondissement de frontière* le terme plus moderne de « rectification de frontières ; » aux *intérêts commerciaux* le « libre développement économique » ; aux *précautions dictées par la prévoyance*, les « nécessités stratégiques », et vous aurez le langage des pangermanistes, et vous en aurez la plus vigoureuse et la plus solide condamnation. « *Le droit des nations deviendrait un code d'expropriation et de barbarie : toutes les notions que les lumières de plusieurs siècles ont introduites dans les relations des sociétés comme dans celles des individus seraient de nouveau repoussées* » (p. 33). Et quelle vigueur d'accusation dans une fin de chapitre comme celle-ci : « *Certains gouvernements, quand ils envoient leurs légions d'un pôle à l'autre, parlent encore de la défense de leurs foyers ; on dirait qu'ils appellent leurs foyers tous les endroits où ils ont mis le feu* » (p. 39).

Mais j'en ai dit assez pour que mon lecteur ait le désir de suivre tout entière la démonstration. Quelques parties à peine -- comme le long chapitre sur l'uniformité imposée par le peuple conquérant aux peuples conquis — ont légèrement vieilli. Mais quel réconfort et quelle espérance à trouver pour nous dans la logique implacable qui conduit le peuple conquérant à son incertitude constante de la paix, à sa peur des révoltes sans cesse renouvelées parmi les peuples conquis, et à sa nécessaire révolte, à lui-même, contre les maîtres qui l'égarent et le corrompent! Quelle lumineuse évocation que celle d'une paix de justice, surgissant en manière de conclusion. « *Le traité ne tarderait pas à être conclu entre des nations qui ne voudraient qu'être libres et celle que l'univers ne combattrait que pour la contraindre à être juste,* » etc... (p. 61).

Les critiques et les historiens ont été sévères à Benjamin Constant. Sainte-Beuve a été cruel. Et Faguet ne lui fut guère indulgent. M. Reùdler peut-être le réhabilitera, à force d'érudition et d'attentive sympathie. Malgré l'unité de sa pensée libérale, ses palinodies politiques et son caractère empêcheront de l'aimer vraiment. Mais nous lui serons reconnaissants de nous avoir laissé, pour ces heures de guerre, pour la rude bataille ininterrompue contre l'esprit de conquête, contre l'impérialisme, comme nous l'appelons désormais, ce vigoureux petit chef-d'œuvre.

Albert THOMAS.

L'ESPRIT DE CONQUÊTE

CHAPITRE PREMIER

Des vertus compatibles avec la guerre, à certaines époques de l'état social

Plusieurs écrivains, entraînés par l'amour de l'humanité dans de louables exagérations, n'ont envisagé la guerre que sous ses côtés funestes. Je reconnais volontiers ses avantages.

Il n'est pas vrai que la guerre soit toujours un mal. A de certaines époques de l'espèce humaine, elle est dans la nature de l'homme. Elle favorise alors le développement de ses plus belles et de ses plus grandes facultés. Elle lui ouvre un trésor de précieuses jouissances. Elle le forme à la grandeur d'âme, à l'adresse, au sang-froid, au courage, au mépris de la mort, sans lequel il ne peut jamais se répondre qu'il ne commettra pas toutes les lâchetés et bientôt tous les crimes. La guerre lui enseigne des dévouements héroïques, et lui fait contracter des amitiés sublimes. Elle l'unit de liens plus étroits, d'une part, à sa patrie, et de l'autre, à ses compagnons d'armes. Elle fait succéder à de nobles entreprises de nobles loisirs. Mais tous ces avantages de la guerre tiennent à une condition indispensable, c'est qu'elle soit le résultat naturel de la situation et de l'esprit national des peuples.

Car je ne parle point ici d'une nation attaquée, et qui défend son indépendance. Nul doute que cette nation ne puisse réunir à l'ardeur guerrière les plus hautes vertus : ou plutôt cette ardeur guerrière est elle-même de toutes les vertus la plus haute. Mais il ne s'agit pas alors de la guerre proprement dite, il s'agit de la défense légitime, c'est-à-dire du patriotisme, de l'amour de la justice, de toutes les affections nobles et sacrées.

Un peuple qui, sans être appelé à la défense de ses foyers, est porté par sa situation ou son caractère national à des expéditions belliqueuses et à des conquêtes, peut encore allier à l'esprit guerrier la simplicité des mœurs, le dédain pour le luxe, la générosité, la loyauté, la fidélité aux engagements, le respect pour l'ennemi courageux, la pitié même, et les ménagements pour l'ennemi subjugué. Nous voyons, dans l'histoire ancienne et dans les annales du moyen âge, ces qualités briller chez plusieurs nations, dont la guerre faisait l'occupation presque habituelle.

Mais la situation présente des peuples européens permet-elle d'espérer cet amalgame ? L'amour de la guerre est-il dans leur caractère national ? Résulte-t-il de leurs circonstances ?

Si ces deux questions doivent se résoudre négativement, il s'ensuivra que, pour porter de nos jours les nations à la guerre et aux conquêtes, il faudra bouleverser leur situation, ce qui ne se fait jamais sans leur infliger beaucoup de malheurs, et dénaturer leur caractère, ce qui ne se fait jamais sans leur donner beaucoup de vices.

CHAPITRE II

Du caractère des nations modernes relativement à la guerre

Les peuples guerriers de l'antiquité devaient pour la plûpart à leur situation leur esprit belliqueux. Divisés en petites peuplades, ils se disputaient à main armée un territoire resserré. Poussés par la nécessité les uns contre les autres, ils se combattaient ou se menaçaient sans cesse. Ceux qui ne voulaient pas être conquérants ne pouvaient néanmoins déposer le glaive sous peine d'être conquis. Tous achetaient leur sûreté, leur indépendance, leur existence entière au prix de la guerre.

Le monde de nos jours est précisément, sous ce rapport, l'opposé du monde ancien.

Tandis que chaque peuple, autrefois, formait une famille isolée, ennemie née des autres familles, une masse d'hommes existe maintenant, sous différents noms et sous divers modes d'organisation sociale, mais homogène par sa nature. Elle est assez forte pour n'avoir rien à craindre des hordes encore barbares. Elle est assez civilisée pour que la guerre lui soit à charge. Sa tendance uniforme est vers la paix. La tradition belliqueuse, héritage de temps reculés, et surtout les erreurs des gouvernements, retardent les effets de cette tendance ; mais elle fait chaque jour un progrès de plus. Les chefs des peuples lui rendent hommage ; car ils évitent d'avouer ouvertement l'amour des conquêtes, où l'espoir d'une gloire acquise uniquement par les armes. Le fils de Philippe n'oserait plus proposer à ses sujets l'envahissement de l'univers ; et le discours de Pyrrhus à Cynéas semblerait aujourd'hui le comble de l'insolence ou de la folie.

Un gouvernement qui parlerait de la gloire militaire, comme but, méconnaîtrait ou mépriserait l'esprit des nations et celui de l'époque. Il se tromperait d'un millier d'années ; et lors même qu'il réussirait d'abord, il serait curieux de voir qui gagnerait cette étrange gageure, de notre siècle ou de ce gouvernement.

Nous sommes arrivés à l'époque du commerce, époque qui doit nécessairement remplacer celle de la guerre, comme celle de la guerre a dû nécessairement la précéder.

La guerre et le commerce ne sont que deux moyens différents d'arriver au même but, celui de posséder ce que l'on désire. Le commerce n'est autre chose qu'un hommage rendu à la force du possesseur par l'aspirant à la possession. C'est une tentative pour obtenir de gré à gré ce qu'on n'espère plus conquérir par la violence. Un homme qui serait toujours le plus fort n'aurait jamais l'idée du commerce. C'est l'expérience qui, en lui prouvant que la guerre, c'est-à-dire l'emploi de sa force contre la force d'autrui, est exposée à diverses résistances et à divers échecs, le porte à recourir au commerce, c'est-à-dire à un moyen plus doux et plus sûr d'engager l'intérêt des autres à consentir à ce qui convient à son intérêt.

La guerre est donc antérieure au commerce. L'une est l'impulsion sauvage, l'autre le calcul civilisé. Il est clair que plus la tendance commerciale domine, plus la tendance guerrière doit s'affaiblir.

Le but unique des nations modernes, c'est le repos, avec le repos l'aisance, et comme source de l'aisance, l'industrie. La guerre est chaque jour un moyen plus inefficace d'atteindre ce but. Ses chances n'offrent plus ni aux individus ni aux nations des bénéfices qui égalent les résultats du travail paisible, et des échanges réguliers. Chez les anciens, une guerre heureuse ajoutait, en esclaves, en tributs, en terres partagées, à la richesse publique et particulière. Chez les modernes, une guerre heureuse coûte infailliblement plus qu'elle ne rapporte.

La République romaine, sans commerce, sans lettres, sans arts, n'ayant pour occupation intérieure que l'agriculture, restreinte à un sol trop peu étendu pour ses habitants, entourée de peuples barbares, et toujours menacée ou menaçante, suivait sa destinée en se livrant à des entreprises militaires non interrompues. Un gouvernement qui, de nos jours, voudrait imiter la république romaine, aurait ceci de différent, qu'agissant en opposition avec son peuple, il rendrait ses instruments tout aussi malheureux que ses victimes; un peuple ainsi gouverné serait la République romaine, moins la liberté, moins le mouvement national, qui facilite tous les sacrifices, moins l'espoir qu'avait chaque individu du partage des terres, moins en un mot, toutes les circonstances qui embellissaient aux yeux des Romains ce genre de vie hasardeux et agité.

Le commerce a modifié jusqu'à la nature de la guerre. Les nations mercantiles étaient autrefois tou-

jours subjuguées par les peuples guerriers. Elles
leur résistent aujourd'hui avec avantage. Elles ont
des auxiliaires au sein de ces peuples mêmes. Les
ramifications infinies et compliquées du commerce
ont placé l'intérêt des sociétés hors des limites de leur
territoire : et l'esprit du siècle l'emporte sur l'esprit
étroit et hostile qu'on voudrait parer du nom de patriotisme.

Carthage, luttant avec Rome dans l'antiquité, devait
succomber : elle avait contre elle la force des choses.
Mais si la lutte s'établissait maintenant entre Rome
et Carthage, Carthage aurait pour elle les vœux de
l'univers. Elle aurait pour alliés les mœurs actuelles
et le génie du monde.

La situation des peuples modernes les empêche
donc d'être belliqueux par caractère : et des raisons
de détail, mais toujours tirées des progrès de l'espèce
humaine, et par conséquent de la différence des époques, viennent se joindre aux causes générales.

La nouvelle manière de combattre, le changement
des armes, l'artillerie, ont dépouillé la vie militaire
de ce qu'elle avait de plus attrayant. Il n'y a plus de
lutte contre le péril ; il n'y a que de la fatalité. Le
courage doit s'empreindre de résignation ou se com-
poser d'insouciance. On ne goûte plus cette jouissance de volonté, d'action, de développement des
forces physiques et des facultés morales, qui faisait
aimer aux héros anciens, aux chevaliers du moyen
âge, les combats corps à corps.

La guerre a donc perdu son charme, comme son utilité. L'homme n'est plus entraîné à s'y livrer, ni par
intérêt, ni par passion.

CHAPITRE III

De l'esprit de conquête
dans l'état actuel de l'Europe

Un gouvernement qui voudrait aujourd'hui pousser à la guerre et aux conquêtes un peuple européen, commettrait donc un grossier et funeste anachronisme. Il travaillerait à donner à sa nation une impulsion contraire à la nature. Aucun des motifs qui portaient les hommes d'autrefois à braver tant de périls, à supporter tant de fatigues, n'existant pour les hommes de nos jours, il faudrait leur offrir d'autres motifs, tirés de l'état actuel de la civilisation, il faudrait les animer aux combats par ce même amour des jouissances, qui, laissé à lui-même, ne les disposerait qu'à la paix. Notre siècle, qui apprécie tout par l'utilité, et qui, lorsqu'on veut le sortir de cette sphère, oppose l'ironie à l'enthousiasme réel ou factice, ne consentirait pas à se repaître d'une gloire stérile, qu'il n'est plus dans nos habitudes de préférer à toutes les autres. A la place de cette gloire, il faudrait mettre le plaisir, à la place du triomphe, le pillage. L'on frémira, si l'on réfléchit à ce que serait l'esprit militaire, appuyé sur ces seuls motifs.

Certes, dans le tableau que je vais tracer, il est loin de moi de vouloir faire injure à ces héros, qui, se plaçant avec délices entre la patrie et les périls, ont dans tous les pays, protégé l'indépendance des peu-

ples ; à ces héros qui ont si glorieusement défendu
notre belle France. Je ne crains pas d'être mal com-
pris par eux. Il en est plus d'un, dont l'âme, corres-
pondant à la mienne, partage tous mes sentiments,
et qui, retrouvant dans ces lignes son opinion secrète,
verra dans leur auteur son organe.

CHAPITRE IV

D'une race militaire n'agissant que par intérêt

Les peuples guerriers, que nous avons connus jusqu'ici, étaient tous animés par des motifs plus nobles que les profits réels et positifs de la guerre. La religion se mêlait à l'impulsion belliqueuse des uns. L'orageuse liberté dont jouissaient les autres leur donnait une activité surabondante, qu'ils avaient besoin d'exercer au-dehors. Ils associaient à l'idée de la victoire celle d'une renommée prolongée bien au-delà de leur existence sur la terre, et combattaient ainsi, non pour l'assouvissement d'une soif ignoble de jouissances présentes et matérielles, mais par un espoir en quelque sorte idéal, et qui exaltait l'imagination, comme tout ce qui se perd dans l'avenir et le vague.

Il est si vrai, que, même chez les nations qui nous semblent le plus exclusivement occupées de pillage et de rapines, l'acquisition des richesses n'était pas le but principal, que nous voyons les héros scandinaves faire brûler sur leurs bûchers tous les trésors conquis durant leur vie, pour forcer les générations qui les remplaçaient à conquérir, par de nouveaux exploits, de nouveaux trésors. La richesse leur était donc précieuse comme témoignage éclatant des victoires remportées, plutôt que comme signe représentatif et moyen de jouissances.

Mais si une race purement militaire se formait actuellement, comme son ardeur ne reposerait sur aucune conviction, sur aucun sentiment, sur aucune pensée, comme toutes les causes d'exaltation qui, jadis, ennoblissaient le carnage même, lui seraient étrangères, elle n'aurait d'aliment ou de mobile que la plus étroite et la plus âpre personnalité. Elle prendrait la férocité de l'esprit guerrier, mais elle conserverait le calcul commercial. Ces Vandales ressuscités n'auraient point cette ignorance du luxe, cette simplicité de mœurs, ce dédain de toute action basse, qui pouvaient caractériser leurs grossiers prédécesseurs. Ils réuniraient à la brutalité de la barbarie les raffinements de la mollesse, aux excès de la violence, les ruses de l'avidité.

Des hommes à qui l'on aurait dit bien formellement qu'ils ne se battent que pour piller, des hommes dont on aurait réduit toutes les idées belliqueuses à ce résultat clair et arithmétique, seraient bien différents des guerriers de l'antiquité.

Quatre cent mille égoïstes, bien exercés, bien armés, sauraient que leur destination est de donner ou de recevoir la mort. Ils auraient supputé qu'il valait mieux se résigner à cette destination que s'y dérober, parce que la tyrannie qui les condamne est plus forte qu'eux. Ils auraient, pour se consoler, tourné leurs regards vers la récompense qui leur est promise, la dépouille de ceux contre lesquels on les mène. Ils marcheraient en conséquence, avec la résolution de tirer de leurs propres forces le meilleur parti qu'il leur serait possible. Ils n'auraient ni pitié pour les vaincus, ni respect pour les faibles, parce que les

vaincus étant, pour leur malheur, propriétaires de
quelque chose, ne paraîtraient à ces vainqueurs qu'un
obstacle entre eux et le but proposé. Le calcul aurait
tué dans leur âme toutes les émotions naturelles,
excepté celles qui naissent de la sensualité. Ils seraient
encore émus à la vue d'une femme. Ils ne le seraient
pas à la vue d'un vieillard ou d'un enfant. Ce qu'ils
auraient de connaissances pratiques leur servirait à
mieux rédiger leurs arrêts de massacre ou de spoliation. L'habitude des formes légales donnerait à leurs
injustices l'impassibilité de la loi. L'habitude des
formes sociales répandrait sur leurs cruautés un ver-
nis d'insouciance et de légèreté qu'ils croiraient de
l'élégance. Ils parcourraient ainsi le monde, tournant
les progrès de la civilisation contre elle-même, tout
entiers à leur intérêt, prenant le meurtre pour moyen,
la débauche pour passe-temps, la dérision pour gaîté,
le pillage pour but ; séparés par un abîme moral du
reste de l'espèce humaine, et n'étant unis entre eux
que comme les animaux féroces qui se jettent rassem-
blés sur les troupeaux.

Tels ils seraient dans leurs succès, que seraient-ils
dans leurs revers ?

Comme ils n'auraient eu qu'un but à atteindre, et
non pas une cause à défendre, le but manqué, aucune
conscience ne les soutiendrait. Ils ne se rattacheraient
à aucune opinion, ils ne tiendraient l'un à l'autre que
par une nécessité physique, dont chacun même cher-
cherait à s'affranchir.

Il faut aux hommes, pour qu'ils s'associent réci-
proquement à leurs destinées, autre chose que l'intérêt. Il leur faut une opinion ; il leur faut de la morale.

L'intérêt tend à les isoler, parce qu'il offre à chacun la chance d'être seul plus heureux ou plus habile.

L'égoïsme qui, dans la prospérité, aurait rendu ces conquérants de la terre impitoyables pour leurs ennemis, les rendrait, dans l'adversité, indifférents, infidèles à leurs frères d'armes. Cet esprit pénétrerait dans tous les rangs, depuis le plus élevé jusqu'au plus obscur. Chacun verrait, dans son camarade à l'agonie, un dédommagement au pillage devenu impossible contre l'étranger ; le malade dépouillerait le mourant ; le fuyard dépouillerait le malade. L'infirme et le blessé paraîtraient à l'officier chargé de leur sort un poids importun dont il se débarrasserait à tout prix ; et quand le général aurait précipité son armée dans quelque situation sans remède, il ne se croirait tenu à rien envers les infortunés qu'il aurait conduits dans le gouffre ; il ne resterait point avec eux pour les sauver. La désertion lui semblerait un mode tout simple d'échapper aux revers ou de réparer les fautes. Qu'importe qu'il les ait guidés, qu'ils se soient reposés sur sa parole, qu'ils lui aient confié leur vie, qu'ils l'aient défendu jusqu'au dernier moment, de leurs mains mourantes ? Instruments inutiles, ne faut-il pas qu'ils soient brisés ?

Sans doute ces conséquences de l'esprit militaire fondé sur des motifs purement intéressés ne pourraient se manifester dans leur terrible étendue chez aucun peuple moderne, à moins que le système conquérant ne se prolongeât durant plusieurs générations. Grâces au ciel, les Français, malgré tous les efforts de leur chef, sont restés et resteront toujours loin du terme vers lequel il les entraîne. Les vertus paisibles, que notre civilisation nourrit et développe, luttent encore victorieusement contre la corruption et les vices que la fureur des conquêtes appelle et qui lui sont nécessaires. Nos armées donnent des preuves d'humanité comme de bravoure, et se concilient souvent l'affection des peuples qu'aujourd'hui par la faute d'un seul homme, elles sont réduites à repousser, tandis qu'autrefois elles étaient forcées à les vaincre. Mais c'est l'esprit national, c'est l'esprit du siècle qui résiste au gouvernement. Si ce gouvernement subsiste, les vertus qui survivront aux efforts de l'autorité seront une sorte d'indiscipline. L'intérêt étant le mot d'ordre, tout sentiment désintéressé tiendra de l'insubordination : et plus ce régime terrible se prolongera, plus ces vertus s'affaibliront et deviendront rares.

CHAPITRE V

Autre cause de détérioration pour la classe militaire dans le système de conquête

On a remarqué souvent que les joueurs étaient les plus immoraux des hommes. C'est qu'ils risquent chaque jour tout ce qu'ils possèdent; il n'y a pour eux nul avenir assuré; ils vivent et s'agitent sous l'empire du hasard.

Dans le système de conquête, le soldat devient un joueur, avec cette différence que son enjeu, c'est sa vie. Mais cet enjeu ne peut être retiré. Il l'expose sans cesse et sans terme à une chance qui doit tôt ou tard être contraire. Il n'y a donc pas non plus d'avenir pour lui. Le hasard est aussi son maître aveugle et impitoyable.

Or, la morale a besoin du temps. C'est là qu'elle place ses dédommagements et ses récompenses. Pour celui qui vit de minute en minute, ou de bataille en bataille, le temps n'existe pas. Les dédommagements de l'avenir deviennent chimériques. Le plaisir du moment a seul quelque certitude : et pour me servir d'une expression qui devient ici doublement convenable, chaque jouissance est autant de gagné sur l'ennemi. Qui ne sent que l'habitude de cette loterie de plaisir et de mort est nécessairement corruptrice ?

Observez la différence qui existe toujours entre la défense légitime et le système des conquêtes. Cette différence se reproduira souvent encore. Le soldat qui combat pour sa patrie ne fait que traverser le danger. Il a pour perspective ultérieure le repos, la liberté, la gloire. Il a donc un avenir : et sa moralité, loin de se dépraver, s'ennoblit et s'exalte. Mais l'instrument d'un conquérant insatiable voit après une guerre une autre guerre, après un pays dévasté, un autre pays à dévaster de même, c'est-à-dire après le hasard, le hasard encore.

CHAPITRE VI

Influence de cet esprit militaire
sur l'état intérieur des peuples

Il ne suffit pas d'envisager l'influence du système de conquête, dans son action sur l'armée et dans les rapports qu'il établit entre elle et les étrangers. Il faut le considérer encore dans ceux qui en résultent, entre l'armée et les citoyens.

Un esprit de corps exclusif et hostile s'empare toujours des associations qui ont un autre but que le reste des hommes. Malgré la douceur et la pureté du christianisme, souvent les confédérations de ses prêtres ont formé dans l'Etat des Etats à part. Partout les hommes réunis en corps d'armée, se séparent de la nation. Ils contractent pour l'emploi de la force, dont ils sont dépositaires, une sorte de respect. Leurs mœurs et leurs idées deviennent subversives de ces principes d'ordre et de liberté pacifique et régulière, que tous les gouvernements ont l'intérêt, comme le devoir, de consacrer.

Il n'est donc pas indifférent de créer dans un pays, par un système de guerres prolongées ou renouvelées sans cesse, une masse nombreuse, imbue exclusivement de l'esprit militaire. Car cet inconvénient ne peut se restreindre dans de certaines limites, qui en

rendent l'importance moins sensible. L'armée, dis-
tincte du peuple par son esprit, se confond avec lui
dans l'administration des affaires.

Un gouvernement conquérant est plus intéressé
qu'un autre à récompenser par du pouvoir et par des
honneurs ses instruments immédiats. Il ne saurait les
tenir dans un camp retranché. Il faut qu'il les décore
au contraire des pompes et des dignités civiles.

Mais ces guerriers déposeront-ils avec le fer qui
les couvre l'esprit dont les a pénétrés dès leur enfance
l'habitude des périls ? Revêtiront-ils avec la toge, la
vénération pour les lois, les ménagements pour les
formes protectrices, ces divinités des associations
humaines ? La classe désarmée leur paraît un ignoble
vulgaire, les lois des subtilités inutiles, les formes
d'insupportables lenteurs. Ils estiment par-dessus
tout, dans les transactions comme dans les faits guerriers, la rapidité des évolutions. L'unanimité leur
semble nécessaire dans les opinions, comme le même
uniforme dans les troupes. L'opposition leur est un
désordre, le raisonnement une révolte, les tribunaux
des conseils de guerre, les juges des soldats qui ont
leur consigne, les accusés des ennemis, les jugements
des batailles.

Ceci n'est point une exagération fantastique.
N'avons-nous pas vu, durant ces vingt dernières
années, s'introduire dans presque toute l'Europe une
justice militaire, dont le premier principe était d'abré-
ger les formes, comme si toute abréviation des formes
n'était pas le plus révoltant sophisme : car si les
formes sont inutiles, tous les tribunaux doivent les
bannir ; si elles sont nécessaires, tous doivent les

respecter ; et certes, plus l'accusation est grave, moins l'examen est superflu. N'avons-nous pas vu siéger sans cesse, parmi les juges, des hommes dont le vêtement seul annonçait qu'ils étaient voués à l'obéissance, et ne pouvaient en conséquence être des juges indépendants ?

Nos neveux ne croiront pas, s'ils ont quelque sentiment de la dignité humaine, qu'il fut un temps où des hommes illustres sans doute par d'immortels exploits, mais nourris sous la tente, et ignorants de la vie civile, interrogeaient des prévenus qu'ils étaient incapables de comprendre, condamnaient sans appel des citoyens qu'ils n'avaient pas le droit de juger. Nos neveux ne croiront pas, s'ils ne sont le plus avili des peuples, qu'on ait fait comparaître devant des tribunaux militaires des législateurs, des écrivains, des accusés de délits politiques, donnant ainsi, par une dérision féroce, pour juge à l'opinion et à la pensée, le courage sans lumière et la soumission sans intelligence. Ils ne croiront pas non plus qu'on ait imposé à des guerriers revenant de la victoire, couvert de lauriers que rien n'avait flétris, l'horrible tâche de se transformer en bourreaux, de poursuivre, de saisir, d'égorger des concitoyens, dont les noms, comme les crimes, leur étaient inconnus. « Non, tel ne fut jamais, s'écrieront-ils, le prix des exploits, la pompe triomphale ! Non, ce n'est pas ainsi que les défenseurs de la France reparaissaient dans leur patrie, et saluaient le sol natal ! »

La faute, certes, n'en était pas à ces défenseurs. Mille fois je les ai vus gémir de leur triste obéissance. J'aime à le répéter, leurs vertus résistent, plus que la nature humaine ne permet de l'espérer, à l'influence du système guerrier et à l'action du gouvernement qui veut les corrompre. Ce gouvernement seul est coupable, et nos armées ont seules le mérite de tout le mal qu'elles ne font pas.

CHAPITRE VII

Autre inconvénient de la formation d'un tel esprit militaire

Enfin, par une triste réaction, cette portion du peuple que le gouvernement aurait forcée à contracter l'esprit militaire, contraindrait à son tour le gouvernement de persister dans le système pour lequel il aurait pris tant de soin de la former.

Une armée nombreuse, fière de ses succès, accoutumée au pillage, n'est pas un instrument qu'il soit aisé de manier. Nous ne parlons pas seulement des dangers dont il menace les peuples qui ont des constitutions populaires. L'histoire est trop pleine d'exemples qu'il est superflu de citer.

Tantôt les soldats d'une république illustrée par six siècles de victoires, entourés de monuments élevés à la liberté par vingt générations de héros, foulant aux pieds la cendre des Cincinnatus et des Camille, marchent sous les ordres de César, pour profaner les tombeaux de leurs ancêtres, et pour asservir la ville éternelle. Tantôt les légions anglaises s'élancent avec Cromwell sur un parlement qui luttait encore contre les fers qu'on lui destinait, et les crimes dont on voulait le rendre l'organe, et livrent à l'usurpateur hypocrite, d'une part le roi, de l'autre la république.

Mais les gouvernements absolus n'ont pas moins à craindre de cette force toujours menaçante. Si elle est terrible contre les étrangers et contre le peuple au nom de son chef, elle peut devenir à chaque instant terrible à ce chef même. Ainsi ces formidables colosses, que des nations barbares plaçaient en tête de leurs armées pour les diriger sur leurs ennemis, reculaient tout à coup, frappés d'épouvante ou saisis de fureur, et méconnaissant la voix de leurs maîtres, écrasaient ou dispersaient les bataillons qui attendaient d'eux leur salut et leur triomphe.

Il faut donc occuper cette armée, inquiète dans son désœuvrement redoutable : il faut la tenir éloignée; il faut lui trouver des adversaires. Le système guerrier, indépendamment des guerres présentes, contient le germe des guerres futures : et le souverain, qui est entré dans cette route, entraîné qu'il est par la fatalité qu'il a évoquée, ne peut redevenir pacifique à aucune époque.

CHAPITRE VIII

Action d'un gouvernement conquérant sur la masse de la nation

J'ai montré, ce me semble, qu'un gouvernement, livré à l'esprit d'envahissement et de conquête, devrait corrompre une portion du peuple, pour qu'elle le servît activement dans ses entreprises. Je vais prouver actuellement, que, tandis qu'il dépraverait cette portion choisie, il faudrait qu'il agît sur le reste de la nation dont il réclamerait l'obéissance passive et les sacrifices, de manière à troubler sa raison, à fausser son jugement, à bouleverser toutes ses idées.

Quand un peuple est naturellement belliqueux, l'autorité qui le domine n'a pas besoin de le tromper, pour l'entraîner à la guerre. Attila montrait du doigt à ses Huns, la partie du monde sur laquelle ils devaient fondre, et ils y couraient, parce qu'Attila n'était que l'organe et le représentant de leur impulsion. Mais de nos jours, la guerre ne procurant aux peuples aucun avantage, et n'étant pour eux qu'une source de privations et de souffrances, l'apologie du système des conquêtes ne pourrait reposer que sur le sophisme et l'imposture.

Tout en s'abandonnant à ses projets gigantesques, le gouvernement n'oserait dire à sa nation : « Marchons à la conquête du Monde ». Elle lui répondrait d'une voix unanime : « Nous ne voulons pas la conquête du Monde ».

Mais il parlerait de l'indépendance nationale, de l'honneur national, de l'arrondissement des frontières, des intérêts commerciaux, des précautions dictées par la prévoyance ; que sais-je encore ? car il est inépuisable, le vocabulaire de l'hypocrisie et de l'injustice.

Il parlerait de l'indépendance nationale, comme si l'indépendance d'une nation était compromise, parce que d'autres nations sont indépendantes.

Il parlerait de l'honneur national, comme si l'honneur national était blessé, parce que d'autres nations conservent leur honneur.

Il alléguerait la nécessité de l'arrondissement des frontières, comme si cette doctrine, une fois admise, ne bannissait pas de la terre tout repos et toute équité. Car c'est toujours en dehors qu'un gouvernement veut arrondir ses frontières. Aucun n'a sacrifié, que l'on sache, une portion de son territoire pour donner au reste une plus grande régularité géométrique. Ainsi l'arrondissement des frontières est un système dont la base se détruit par elle-même, dont les éléments se combattent, et dont l'exécution, ne reposant que sur la spoliation des plus faibles, rend illégitime la possession des plus forts.

Ce gouvernement invoquerait les intérêts du commerce, comme si c'était servir le commerce que dépeupler un pays de sa jeunesse la plus florissante, arracher les bras les plus nécessaires à l'agriculture, aux manufactures, à l'industrie [1], élever entre les autres

___

1. « La guerre coûte plus que ses frais, dit un écrivain judicieux : elle coûte tout ce qu'elle empêche de gagner. » SAY, Econ. polit., V, 8.

peuples et soi des barrières arrosées de sang. Le
commerce s'appuie sur la bonne intelligence des
nations entre elles ; il ne se soutient que par la justice ; il se fonde sur l'égalité ; il prospère dans le
repos ; et ce serait pour l'intérêt du commerce qu'un
gouvernement rallumerait sans cesse des guerres
acharnées, qu'il appellerait sur la tête de son peuple
une haine universelle, qu'il marcherait d'injustice en
injustice, qu'il ébranlerait chaque jour le crédit par
des violences, qu'il ne voudrait point tolérer d'égaux.

Sous le prétexte des précautions dictées par la prévoyance, ce gouvernement attaquerait ses voisins les
plus paisibles, ses plus humbles alliés, en leur sup-
posant des projets hostiles, et comme devançant des
agressions méditées. Si les malheureux objets de ses
calomnies étaient facilement subjugués, il se vante-
rait de les avoir p évenus ; s'ils avaient le temps et
la force de lui résister: « Vous le voyez, s'écrierait-il,
ils voulaient la guerre, puisqu'ils se défendent [1]. »

Que l'on ne croie pas que cette conduite fut le résultat accidentel d'une perversité particulière : elle

---

1. L'on avait inventé, durant la Révolution française, un prétexte de
guerre inconnu jusques alors, celui de délivrer les peuples du joug
de leurs gouvernements, qu'on supposait illégitimes et tyranniques.
Avec ce prétexte on a porté la mort chez des hommes, dont les uns
vivaient tranquilles sous des institutions adoucies par le temps et
l'habitude, et dont les autres jouissaient, depuis plusieurs siècles, de
tous les bienfaits de la liberté : époque à jamais honteuse où l'on vit
un gouvernement perfide graver des mots sacrés sur ses étendards
coupables, troubler la paix, violer l'indépendance, détruire la prospérité de ses voisins innocents, en ajoutant au scandale de l'Europe
par des protestations mensongères de respect pour les droits des
hommes, et de zèle pour l'humanité ! La pire des conquêtes, c'est
l'hypocrite, dit Machiavel, comme s'il avoit prédit notre histoire.

serait le résultat nécessaire de la position. Toute autorité qui voudrait entreprendre aujourd'hui des conquêtes étendues, serait condamnée à cette série de prétextes vains et de scandaleux mensonges. Elle serait coupable assurément, et nous ne chercherons pas à diminuer son crime ; mais ce crime ne consisterait point dans les moyens employés : il consisterait dans le choix volontaire de la situation qui commande de pareils moyens.

L'autorité aurait donc à faire, sur les facultés intellectuelles de la masse de ses sujets, le même travail que sur les qualités morales de la portion militaire. Elle devrait s'efforcer de bannir toute logique de l'esprit des uns, comme elle aurait tâché d'étouffer toute humanité dans le cœur des autres : tous les mots perdraient leur sens ; celui de modération présagerait la violence ; celui de justice annoncerait l'iniquité. Le droit des nations deviendrait un code d'expropriation et de barbarie : toutes les notions que les lumières de plusieurs siècles ont introduites dans les relations des sociétés, comme dans celle des individus, en seraient de nouveau repoussées. Le genre humain reculerait vers ces temps de dévastation, qui nous semblaient l'opprobre de l'histoire. L'hypocrisie seule en ferait la différence ; et cette hypocrisie serait d'autant plus corruptrice que personne n'y croirait. Car les mensonges de l'autorité ne sont pas seulement funestes quand ils égarent et trompent les peuples ; ils ne le sont pas moins quand ils ne les trompent pas.

Des sujets qui soupçonnent leurs maîtres de duplicité et de perfidie, se forment à la perfidie et à la duplicité : celui qui entend nommer le chef qui le gouverne, un grand politique, parce que chaque ligne qu'il publie est une imposture, veut être à son tour un grand politique, dans une sphère plus subalterne ; la vérité lui semble niaiserie, la fraude habileté. Il ne mentait jadis que par intérêt : il mentira désormais par intérêt et par amour-propre. Il aura la fatuité de la fourberie ; et si cette contagion gagne un peuple essentiellement imitateur, un peuple où chacun craigne par-dessus tout de passer pour dupe, la morale privée tardera-t-elle à être engloutie dans le naufrage de la morale publique ?

—————

CHAPITRE IX

Des moyens de contrainte nécessaires pour suppléer à l'efficacité du mensonge

Supposons que néanmoins quelques débris de raisons surnagent, ce sera, sous d'autres rapports, un malheur de plus.

Il faudra que la contrainte supplée à l'insuffisance du sophisme. Chacun cherchant à se dérober à l'obligation de verser son sang dans des expéditions dont on n'aura pu lui prouver l'utilité, il faudra que l'autorité soudoie une foule avide destinée à briser l'opposition générale. On verra l'espionnage et la délation, ces éternelles ressources de la force, quand elle a créé des devoirs et des délits factices, encouragées et récompensées; des sbires lâchés, comme des dogues féroces, dans les cités et dans les campagnes, pour poursuivre et pour enchaîner des fugitifs innocents, aux yeux de la morale et de la nature, une classe se préparant à tous les crimes, en s'accoutumant à violer les lois; une autre classe se familiarisant avec l'infamie, en vivant du malheur de ses semblables; les pères punis pour les fautes des enfants; l'intérêt des enfants séparé ainsi de celui des pères; les familles n'ayant que le choix de se réunir pour la résistance, ou de se diviser pour la trahison; l'amour paternel transformé en attentat, la tendresse filiale traitée de révolte; et toutes ces vexations auront lieu, non pour une défense légitime, mais pour l'acquisition de pays éloignés, dont la possession n'ajoute rien à la prospérité nationale, à moins qu'on n'appelle prospérité nationale le vain renom de quelques hommes et leur funeste célébrité!

Soyons justes pourtant. On offre des consolations à ces victimes, destinées à combattre et à périr aux extrémités de la terre. Regardez-les, elles chancellent en suivant leurs guides. On les a plongées dans un état d'ivresse qui leur inspire une gaieté grossière et forcée. Les airs sont frappés de leurs clameurs bruyantes: les hameaux retentissent de leurs chants licencieux. Cette ivresse, ces clameurs, cette licence, qui le croirait? c'est le chef-d'œuvre de leurs magistrats!

Etrange renversement produit, dans l'action de l'autorité, par le système des conquêtes! Durant vingt années, vous avez recommandé à ces mêmes hommes la sobriété, l'attachement à leurs familles, l'assiduité dans leurs travaux; mais il faut envahir le Monde! On les saisit, on les entraîne, on les excite au mépris des vertus qu'on leur avait longtemps inculquées. On les étourdit par l'intempérance, on les ranime par la débauche: c'est ce qu'on appelle raviver l'esprit public.

CHAPITRE X

Autres inconvénients du système guerrier pour les lumières et la classe instruite

Nous n'avons pas encore achevé l'énumération qui nous occupe. Les maux que nous avons décrits, quelque terribles qu'ils nous paraissent, ne pèseraient pas seuls sur la nation misérable; d'autres s'y joindraient, moins frappants peut-être à leur origine, mais plus irréparables, puisqu'ils flétriraient dans leur germe les espérances de l'avenir.

A certaines périodes de la vie, les interruptions à l'exercice des facultés intellectuelles ne se réparent pas. Les habitudes hasardeuses, insouciantes et grossières de l'état guerrier, la rupture soudaine de toutes les relations domestiques, une dépendance mécanique quand l'ennemi n'est pas en présence, une indépendance complète sous le rapport des mœurs, à l'âge où les passions sont dans leur fermentation la plus active, ce ne sont pas là des choses indifférentes pour la morale ou pour les lumières. Condamner, sans une nécessité absolue, à l'habitation des camps ou des casernes les jeunes rejetons de la classe éclairée, dans laquelle résident, comme un dépôt précieux, l'instruction, la délicatesse, la justesse des idées, et cette tradition de douceur, de noblesse et d'élégance qui seule nous distingue des barbares, c'est faire à la nation toute entière un mal que ne compensent ni ses vains succès, ni la terreur qu'elle inspire, terreur qui n'est pour elle d'aucun avantage.

Vouer au métier de soldat le fils du commerçant, de l'artiste, du magistrat, le jeune homme qui se consacre aux lettres, aux sciences, à l'exercice de quelque industrie difficile et compliquée, c'est lui dérober tout le fruit de son éducation antérieure. Cette éducation même se ressentira de la perspective d'une interruption inévitable. Si les rêves brillants de la gloire militaire enivrent l'imagination de la jeunesse, elle dédaignera les études paisibles, les occupations sédentaires, le travail d'attention, contraire à ses goûts et à la mobilité de ses facultés naissantes. Si c'est avec douleur qu'elle se voit arrachée à ses foyers, si elle calcule combien le sacrifice de plusieurs années apportera de retard à ses progrès, elle désespérera d'elle-même; elle ne voudra pas se consumer en efforts dont une main de fer lui déroberait le fruit. Elle se dira que, puisque l'autorité lui dispute le temps nécessaire à son perfectionnement intellectuel, il est inutile de lutter contre la force. Ainsi la nation tombera dans une dégradation morale, et dans une ignorance toujours croissante. Elle s'abrutira au milieu des victoires, et, sous ses lauriers même, elle sera poursuivie du sentiment qu'elle suit une fausse route, et qu'elle manque sa destination [1].

1. Il y avait, en France, sous la monarchie, soixante mille hommes de milice. L'engagement était de six ans. Ainsi le sort tombait chaque année sur dix mille hommes. M. Necker appelle la milice une effrayante loterie. Qu'aurait-il dit de la conscription?

Tous nos raisonnements, sans doute ne sont applicables que lorsqu'il s'agit de guerres inutiles et gratuites. Aucune considération ne peut entrer en balance avec la nécessité de repousser un agresseur. Alors toutes les classes doivent accourir, puisque toutes sont également m. ːacées. Mais leur motif n'étant pas un ignoble pillage, elles ne se corrompent point. Leur zèle s'appuyant sur la conviction, la contrainte devient superflue. L'interruption qu'éprouvent les occupations sociales, motivée qu'elle est sur les obligations les plus saintes et les intérêts les plus chers, n'a pas les mêmes effets que des interruptions arbitraires. Le peuple en voit le terme ; il s'y soumet avec joie, comme à un moyen de rentrer dans un état de repos ; et quand il y rentre, c'est avec une jeunesse nouvelle, avec des facultés ennoblies, avec le sentiment d'une force utilement et dignement employée.

Mais autre chose est défendre sa patrie ; autre chose attaquer des peuples qui ont aussi une patrie à défendre. L'esprit de conquête cherche à confondre ces deux idées. Certains gouvernements, quand ils envoient leurs légions d'un pôle à l'autre, parlent encore de la défense de leurs foyers ; on dirait qu'ils appellent leurs foyers tous les endroits où ils ont mis le feu.

CHAPITRE XI

Point de vue sous lequel une nation conquérante envisagerait aujourd'hui ses propres succès

———

Passons maintenant aux résultats extérieurs du système des conquêtes.

Il est probable que la même disposition des modernes, qui leur fait préférer la paix à la guerre, donnerait dans l'origine de grands avantages au peuple forcé par son gouvernement à devenir agresseur. Des nations, absorbées dans leurs jouissances, seraient lentes à résister : elles abandonneraient une portion de leurs droits pour conserver le reste ; elles espéreraient sauver leur repos, en transigeant de leur liberté. Par une combinaison fort étrange, plus l'esprit général serait pacifique, plus l'Etat qui se mettrait en lutte avec cet esprit trouverait d'abord des succès faciles.

Mais quelles seraient les conséquences de ces succès, même pour la nation conquérante ? N'ayant aucun accroissement de bonheur réel à en attendre, en ressentirait-elle au moins quelque satisfaction d'amour-propre ? Réclamerait-elle sa part de gloire ?

Bien loin de là. Telle est à présent la répugnance pour les conquêtes, que chacun éprouverait l'impérieux besoin de s'en disculper. Il y aurait une protestation universelle, qui n'en serait pas moins énergique pour être muette. Le gouvernement verrait la masse de ses sujets se tenir à l'écart, morne spectatrice. On n'entendrait dans tout l'empire qu'un long monologue du pouvoir. Tout au plus ce monologue serait-il dialogué de temps en temps, parce que des interlocuteurs serviles répéteraient au maître les discours qu'il aurait dictés. Mais les gouvernés cesseraient de prêter l'oreille à de fastidieuses harangues, qu'il ne leur serait jamais permis d'interrompre. Ils détourneraient leurs regards d'un vain étalage dont ils ne supporteraient que les frais et les périls, et dont l'intention serait contraire à leur vœu.

L'on s'étonne de ce que les entreprises les plus merveilleuses ne produisent de nos jours aucune sensation. C'est que le bon sens des peuples les avertit que ce n'est point pour eux que l'on fait ces choses. Comme les chefs y trouvent seuls du plaisir, on les charge seuls de la récompense. L'intérêt aux victoires se concentre dans l'autorité de ses créatures. Une barrière morale s'élève entre le pouvoir agité et la foule immobile. Le succès n'est qu'un météore qui ne vivifie rien sur son passage. A peine lève-t-on la tête pour le contempler un instant. Quelquefois même on s'en afflige, comme d'un encouragement donné au délire. On verse des larmes sur les victimes, mais on désire les échecs.

Dans les temps belliqueux, l'on admirait par-dessus tout le génie militaire. Dans nos temps pacifiques, ce que l'on implore c'est de la modération et de la justice. Quand un gouvernement nous prodigue de grands spectacles et de l'héroïsme, et des créations, et des

destructions sans nombre, on serait tenté de lui
répondre :

Le moindre grain de mil serait mieux notre affaire [1]

et les plus éclatants prodiges, et leurs pompeuses
célébrations ne sont que des cérémonies funéraires
où l'on forme des danses sur des tombeaux,

1. La Fontaine.

CHAPITRE XII

Effet de ces succès
sur les peuples conquis

———

« Le droit des gens des Romains, dit Montesquieu,
« consistait à exterminer les citoyens de la nation
« vaincue. Le droit des gens que nous suivons aujour-
« d'hui, fait qu'un Etat qui en a conquis un autre, con-
« tinue à le gouverner selon ses lois, et ne prend pour
« lui que l'exercice du gouvernement politique et
« civil [1]. »

Je n'examine pas jusqu'à quel point cette assertion
est exacte. Il y a certainement beaucoup d'exceptions
à faire, pour ce qui regarde l'antiquité.

Nous voyons souvent que des nations subjuguées
ont continué à jouir de toutes les formes de leur administration précédente et de leurs anciennes lois. La
religion des vaincus était scrupuleusement respectée.
Le polythéisme, qui recommandait l'adoration des
dieux étrangers, inspirait des ménagements pour tous

1. Pour qu'on ne m'accuse pas de citer faux, je transcris tout le
paragraphe. « Un Etat, qui en a conquis un autre, le traite d'une des
« quatre manières suivantes. Il continue à le gouverner selon ses lois,
« et ne prend pour lui que l'exercice du gouvernement politique et
« civil ; ou il lui donne un nouveau gouvernement politique et civil ;
« ou il détruit la société et la disperse dans d'autres ; ou enfin il exter-
« mine tous les citoyens. La première manière est conforme au droit
« des gens que nous suivons aujourd'hui ; la quatrième est plus con-
« forme au droit des gens des Romains. » *Esprit des Lois*, liv. X, ch. 3.

les cultes. Le sacerdoce égyptien conserva sa puis-
sance sous les Perses. L'exemple de Cambyse qui
était en démence ne doit pas être cité : mais Darius,
ayant voulu placer dans un temple sa statue devant
celle de Sésostris, le grand-prêtre s'y opposa, et le
monarque n'osa lui faire violence. Les Romains lais-
sèrent aux habitants de la plupart des contrées sou-
mises leurs autorités municipales et n'intervinrent
dans la religion gauloise que pour abolir les sacrifices humains.

Nous conviendrons cependant que les effets de la
conquête étaient devenus très doux depuis quelques
siècles, et sont restés tels jusqu'à la fin du xviii°. C'est
que l'esprit de conquête avait cessé. Celles de
Louis XIV lui-même étaient plutôt une suite des pré-
tentions et de l'arrogance d'un monarque orgueilleux
que d'un véritable esprit conquérant. Mais l'esprit de
conquête est ressorti des orages de la révolution française plus impétueux que jamais. Les effets des conquêtes ne sont donc plus ce qu'ils étaient du temps
de M. de Montesquieu.

Il est vrai, l'on ne réduit pas les vaincus en esclavage, on ne les dépouille pas de la propriété de leurs
terres, et on ne les condamne point à les cultiver pour
d'autres, on ne les déclare pas une race subordonnée
appartenant aux vainqueurs.

Leur situation paraît donc encore à l'extérieur plus
tolérable qu'autrefois. Quand l'orage est passé, tout
semble rentrer dans l'ordre. Les cités sont debout :
les marchés se repeuplent : les boutiques se rouvrent ;
et, sauf le pillage accidentel, qui est un malheur de
la circonstance, sauf l'insolence habituelle, qui est un

droit de la victoire, sauf les contributions, qui, méthodiquement imposées, prennent une douce apparence de régularité, et qui cessent, ou doivent cesser, lorsque la conquête est accomplie, on dirait d'abord qu'il n'y a de changé que les noms et quelques formes. Entrons néanmoins plus profondément dans la question.

La conquête, chez les anciens, détruisait souvent les nations entières ; mais quand elle ne les détruisait pas, elle laissait intacts tous les objets de l'attachement le plus vif des hommes, leurs mœurs, leurs lois, leurs usages, leurs dieux. Il n'en est pas de même dans les temps modernes. La vanité de la civilisation est plus tourmentante que l'orgueil de la barbarie. Celui-ci voit en masse : la première examine avec inquiétude et en détail.

Les conquérants de l'antiquité, satisfaits d'une obéissance générale, ne s'informaient pas de la vie domestique de leurs esclaves ni de leurs relations locales. Les peuples soumis retrouvaient presqu'en entier, au fond de leurs provinces lointaines, ce qui constitue le charme de la vie, les habitudes de l'enfance, les pratiques consacrées, cet entourage de souvenirs, qui, malgré l'assujettissement politique, conserve à un pays l'air d'une patrie.

Les conquérants de nos jours, peuples ou princes, veulent que leur empire ne présente qu'une surface unie, sur laquelle l'œil superbe du pouvoir se promène, sans rencontrer aucune inégalité qui le blesse ou borne sa vue. Le même code, les mêmes mesures, les mêmes règlements et, si l'on peut y parvenir, graduellement la même langue, voilà ce qu'on proclame la perfection de toute organisation sociale. La reli-

gion fait exception ; peut-être est-ce parce qu'on la
méprise, la regardant comme une erreur usée, qu'il
faut laisser mourir en paix. Mais cette exception est
la seule ; et l'on s'en dédommage, en séparant, le plus
qu'on le peut, la religion des intérêts de la terre.

Sur tout le reste, le grand mot aujourd'hui, c'est
l'uniformité. C'est dommage qu'on ne puisse abattre
toutes les villes pour les rebâtir toutes sur le même
plan, niveler toutes les montagnes pour que le ter-
rain soit partout égal : et je m'étonne qu'on n'ait pas
ordonné à tous les habitants de porter le même cos-
tume, afin que le maître ne rencontrât plus de bigar-
rure irrégulière et de choquante variété.

Il en résulte que les vaincus, après les calamités
qu'ils ont supportées dans leurs défaites, ont à subir
un nouveau genre de malheurs. Ils ont d'abord été
victimes d'une chimère de gloire, ils sont victimes
ensuite d'une chimère d'uniformité.

CHAPITRE XIII

De l'uniformité

Il est assez remarquable que l'uniformité n'ait jamais rencontré plus de faveur que dans une révolution faite au nom des droits et de la liberté des hommes. L'esprit systématique s'est d'abord extasié sur la symétrie. L'amour du pouvoir a bientôt découvert quel avantage immense cette symétrie lui procurait. Tandis que le patriotisme n'existe que par un vif attachement aux intérêts, aux mœurs, aux coutumes de localité, nos soi-disant patriotes ont déclaré la guerre à toutes ces choses. Ils ont tari cette source naturelle du patriotisme, et l'on voulu remplacer par une passion factice envers un être abstrait, une idée générale, dépouillée de tout ce qui frappe l'imagination et de tout ce qui parle à la mémoire. Pour bâtir l'édifice, ils commençaient par broyer et réduire en poudre les matériaux qu'ils devaient employer. Peu s'en est fallu qu'ils ne désignassent par des chiffres les cités et les provinces, comme ils désignaient par des chiffres les légions et les corps d'armée, tant ils semblaient craindre qu'une idée morale ne pût se rattacher à ce qu'ils instituaient !

Le despotisme, qui a remplacé la démagogie, et qui s'est constitué légataire du fruit de tous ses travaux, a persisté très habilement dans la route tracée. Les deux extrêmes se sont trouvés d'accord sur ce point, parce qu'au fond, dans les deux extrêmes, il y avait volonté de tyrannie. Les intérêts et les souvenirs qui naissent des habitudes locales contiennent un germe de résistance que l'autorité ne souffre qu'à regret, et qu'elle s'empresse de déraciner. Elle a meilleur marché des individus ; elle roule sur eux sans effort son poids énorme comme sur du sable.

Aujourd'hui, l'admiration pour l'uniformité, admiration réelle dans quelques esprits bornés, affectée par beaucoup d'esprits serviles, est reçue comme un dogme religieux, par une foule d'échos assidus de toute opinion favorisée.

Appliqué à toutes les parties d'un empire, ce principe doit l'être à tous les pays que cet empire peut conquérir. Il est donc actuellement la suite immédiate et inséparable de l'esprit de conquête.

Mais chaque génération, dit l'un des étrangers qui a le mieux prévu nos erreurs dès l'origine, *chaque génération hérite de ses aïeux un trésor de richesses morales, trésor invisible et précieux qu'elle lègue à ses descendants*[1]. La perte de ce trésor est pour un peuple un mal incalculable. En l'en dépouillant, vous lui ôtez tout sentiment de sa valeur et de sa dignité propre. Lors même que ce que vous y substituez vaudrait mieux, comme ce dont vous le privez lui était respectable, et que vous lui imposez votre amélioration par la force, le résultat de votre opération est simplement de lui faire commettre un acte de lâcheté qui l'avilit et le démoralise.

---

1. M. Rehberg, dans son excellent ouvrage sur le Code Napoléon, page 8.

La bonté des lois est, osons le dire, une chose beaucoup moins importante que l'esprit avec lequel une nation se soumet à ses lois, et leur obéit. Si elle les chérit, si elle les observe, parce qu'elles lui paraissent émanées d'une source sainte, le don des générations dont elle révère les mânes, elles se rattachent intimement à sa moralité ; elles annoblissent son caractère ; et lors même qu'elles sont fautives, elles produisent plus de vertus, et par là plus le bonheur que des lois meilleures, qui ne seraient appuyées que sur l'ordre de l'autorité.

J'ai pour le passé, je l'avoue, beaucoup de vénération ; et chaque jour, à mesure que l'expérience m'instruit ou que la réflexion m'éclaire, cette vénération augmente. Je le dirai, au grand scandale de nos modernes réformateurs, qu'ils s'intitulent Lycurgues ou Charlemagnes : si je voyais un peuple auquel on aurait offert les institutions les plus parfaites, métaphysiquement parlant, et qui les refuserait pour rester fidèle à celles de ses pères, j'estimerais ce peuple et je le croirais plus heureux par son sentiment et par son âme, sous ses institutions défectueuses, qu'il ne pourrait l'être par tous les perfectionnements proposés.

Cette doctrine, je le conçois, n'est pas de nature à prendre faveur. On aime à faire des lois, on les croit excellentes ; on s'enorgueillit de leur mérite. Le passé se fait tout seul ; personne n'en peut réclamer la gloire [1].

---

[1] Je n'excepte du respect pour le passé que ce qui est injuste. Le temps ne sanctionne pas l'injustice. L'esclavage, par exemple, ne se légitime par aucun laps de temps. C'est que, dans ce qui est intrinsè-

Indépendamment de ces considérations, et en séparant le bonheur d'avec la morale, remarquez que l'homme se plie aux institutions qu'il trouve établies, comme à des règles de la nature physique. Il arrange, d'après les défauts mêmes de ces institutions, ses intérêts, ses spéculations, tout son plan de vie. Ces défauts s'adoucissent, parce que toutes les fois qu'une institution dure longtemps, il y a transaction entre elle et les intérêts de l'homme. Ses relations, ses espérances se groupent autour de ce qui existe. Changer tout cela, même pour le mieux, c'est lui faire mal.

Rien de plus absurde que de violenter les habitudes, sous prétexte de servir les intérêts. Le premier des intérêts c'est d'être heureux, et les habitudes forment une partie essentielle du bonheur.

Il est évident que des peuples placés dans des situations, élevés dans des coutumes, habitant des lieux dissemblables, ne peuvent être ramenés à des formes, à des usages, à des pratiques, à des lois absolument pareilles, sans une contrainte qui leur coûte beaucoup plus qu'elle ne leur vaut. La série d'idées dont leur être moral s'est formé graduellement, et dès leur naissance, ne peut être modifiée par un arrangement purement nominal, purement extérieur, indépendant de leur volonté.

Même dans les États constitués depuis longtemps, et dont l'amalgame a perdu l'odieux de la violence

---

quement injuste, il y a toujours une partie souffrante, qui ne peut en prendre l'habitude, et pour laquelle, en conséquence, l'influence salutaire du passé n'existe pas. Ceux qui allèguent l'habitude en faveur de l'injustice, ressemblent à cette cuisinière française à qui l'on reprochait de faire souffrir des anguilles en les écorchant : « Elles y sont accoutumées, dit-elle : il y a trente ans que je le fais. »

et de la conquête, on voit le patriotisme qui naît des variétés locales, seul genre de patriotisme véritable, renaître comme de ses cendres, dès que la main du pouvoir allège un instant son action. Les magistrats des plus petites communes se complaisent à les embellir. Ils en entretiennent avec soin les monuments antiques. Il y a presque dans chaque village un érudit, qui aime à raconter ses rustiques annales, et qu'on écoute avec respect. Les habitants trouvent du plaisir à tout ce qui leur donne l'apparence, même trompeuse, d'être constitués en corps de nation, et réunis par des liens particuliers. On sent que s'ils n'étaient arrêtés dans le développement de cette inclination innocente et bienfaisante, il se formerait bientôt en eux une sorte d'honneur communal, pour ainsi dire, d'honneur de ville, d'honneur de province, qui serait à la fois une jouissance et une vertu. Mais la jalousie de l'autorité les surveille, s'alarme, et brise le germe prêt à éclore.

L'attachement aux coutumes locales tient à tous les sentiments désintéressés, nobles et pieux. Quelle politique déplorable que celle qui en fait de la rébellion ! Qu'arrive-t-il ? que dans tous les Etats où l'on détruit ainsi toute vie partielle, un petit Etat se forme au centre : dans la capitale s'agglomèrent tous les intérêts ; là vont s'agiter toutes les ambitions ; le reste est immobile. Les individus, perdus dans un isolement contre nature, étrangers au lieu de leur naissance, sans contact avec le passé, ne vivant que dans un présent rapide, et jetés comme des atomes sur une plaine immense et nivelée, se détachent d'une patrie qu'ils n'aperçoivent nulle part et dont l'ensemble leur devient indifférent, parce que leur affection ne peut se reposer sur aucune de ses parties.

La variété, c'est de l'organisation ; l'uniformité, c'est du mécanisme. La variété, c'est la vie ; l'uniformité, c'est la mort [1].

La conquête a donc de nos jours un désavantage additionnel, et qu'elle n'avait pas dans l'antiquité. Elle poursuit les vaincus dans l'intérieur de leur existence ; elle les mutile, pour les réduire à une proportion uniforme. Jadis les conquérants exigeaient que les députés des nations conquises parussent à genoux en leur présence ; aujourd'hui, c'est le moral de l'homme qu'on veut prosterner.

On parle sans cesse du grand empire, de la nation entière, notions abstraites, qui n'ont aucune réalité. Le grand empire n'est rien, quand on le conçoit à part des provinces ; la nation entière n'est rien, quand on la sépare des fractions qui la composent. C'est en défendant les droits des fractions qu'on défend les droits de la nation entière ; car elle se trouve répartie dans chacune de ses fractions. Si on les dépouille successivement de ce qu'elles ont de plus cher, si chacune, isolée pour être victime, redevient, par une étrange métamorphose, portion du

---

1. Nous ne pouvons entrer dans la réfutation de tous les raisonnemens qu'on allègue en faveur de l'uniformité. Nous nous bornons à renvoyer le lecteur à deux autorités imposantes, M. de MONTESQUIEU, *Esprit des Lois*, XXIX 18, et le marquis DE MIRABEAU, dans l'*Ami des Hommes*. Ce dernier prouve très bien que, même sur les objets sur lesquels on croit le plus utile d'établir l'uniformité, par exemple, sur les poids et mesures, l'avantage est beaucoup moins grand qu'on ne le pense, et accompagné de beaucoup plus d'inconvénients.

grand tout, pour servir de prétexte au sacrifice d'une autre portion, l'on immole à l'être abstrait les êtres réels ; l'on offre au peuple en masse l'holocauste du peuple en détail.

Il ne faut pas se le déguiser, les grands États ont de grands désavantages. Les lois partent d'un lieu tellement éloigné de ceux où elles doivent s'appliquer, que des erreurs graves et fréquentes sont l'effet inévitable de cet éloignement. Le gouvernement prend l'opinion de ses alentours, ou tout au plus du lieu de sa résidence pour celle de tout l'empire. Une circonstance locale ou momentanée devient le motif d'une loi générale. Les habitants des provinces les plus reculées sont tout à coup surpris par des innovations inattendues, des rigueurs non méritées, des règlements vexatoires, subversifs de toutes les bases de leurs calculs, et de toutes les sauvegardes de leurs intérêts, parce qu'à deux cents lieues, des hommes qui leur sont entièrement étrangers ont cru pressentir quelques périls, deviner quelque agitation, ou apercevoir quelque utilité.

On ne peut s'empêcher de regretter ces temps où la terre était couverte de peuplades nombreuses et animées, où l'espèce humaine s'agitait et s'exerçait en tout sens dans une sphère proportionnée à ses forces. L'autorité n'avait pas besoin d'être dure pour être obéie ; la liberté pouvait être orageuse, sans être anarchique ; l'éloquence dominait les esprits et remuait les âmes ; la gloire était à la portée du talent, qui, dans sa lutte contre la médiocrité, n'était pas submergé par les flots d'une multitude lourde et innombrable ; la morale trouvait un appui dans un public immédiat, spectateur et juge de toutes les actions dans leurs plus petits détails et leurs nuances les plus délicates.

Ces temps ne sont plus ; les regrets sont inutiles. Du moins, puisqu'il faut renoncer à tous ces biens, on ne saurait trop le répéter aux maîtres de la terre : qu'ils laissent subsister dans leurs vastes empires les variétés dont ils sont susceptibles, les variétés réclamées par la nature, consacrées par l'expérience. Une règle se fausse lorsqu'on l'applique à des cas trop divers ; le joug devient pesant, par cela seul qu'on le maintient uniforme, dans des circonstances trop différentes.

Ajoutons que, dans le système des conquêtes, cette manie d'uniformité réagit des vaincus sur les vainqueurs. Tous perdent leur caractère national, leurs couleurs primitives ; l'ensemble n'est plus qu'une masse inerte qui, par intervalles, se réveille pour souffrir, mais qui, d'ailleurs, s'affaisse et s'engourdit sous le despotisme. Car l'excès du despotisme peut seul prolonger une combinaison qui tend à se dissoudre, et retenir sous une même domination des États que tout conspire à séparer. « Le prompt établissement du pouvoir sans bornes, dit Montesquieu, est le remède qui, dans ces cas, peut prévenir la dissolution ; nouveau malheur, ajoute-t-il, après celui de l'agrandissement. »

Encore ce remède, plus fâcheux que le mal, n'est-il point d'une efficacité durable. L'ordre naturel des choses se venge des outrages qu'on veut lui faire, et plus la compression a été violente, plus la réaction se montre terrible.

CHAPITRE XIV

Terme inévitable des succès d'une nation conquérante

La force nécessaire à un peuple, pour tenir tous les autres dans la sujétion, est aujourd'hui, plus que jamais, un privilège qui ne peut durer. La nation qui prétendrait à un pareil empire se placerait dans un poste plus périlleux que la peuplade la plus faible; elle deviendrait l'objet d'une horreur universelle. Toutes les opinions, tous les vœux, toutes les haines la menaceraient, et tôt ou tard ces haines, ces opinions et ces vœux éclateraient pour l'envelopper.

Il y aurait sans doute dans cette fureur, contre tout un peuple, quelque chose d'injuste. Un peuple tout entier n'est jamais coupable des excès que son chef lui fait commettre. C'est ce chef qui l'égare, ou, plus souvent encore, qui le domine sans l'égarer. Mais les nations, victimes de sa déplorable obéissance, ne sauraient lui tenir compte des sentiments cachés que sa conduite dément. Elles reprochent aux instruments le crime de la main qui les dirige. La France entière souffrait de l'ambition de Louis XIV, et la détestait; mais l'Europe accusait la France de cette ambition, et la Suède a porté la peine du délire de Charles XII.

Lorsqu'une fois le Monde aurait repris sa raison,

reconquis son courage, vers quels lieux de la terre
l'agresseur menacé tournerait-il les yeux pour trouver
des défenseurs ? à quels sentiments en appellerait-il ?
quelle apologie ne serait pas discréditée d'avance, si
elle sortait de la même bouche qui, durant sa prospérité coupable, aurait prodigué tant d'insultes, pro-
féré tant de mensonges, dicté tant d'ordres de dévastation ? Invoquerait-il la justice ? il l'a violée.
L'humanité ? il l'a foulée aux pieds. La foi jurée ?
toutes ses entreprises ont commencé par le parjure.
La sainteté des alliances ? il a traité ses alliés comme
ses esclaves. Quel peuple aurait pu s'allier de bonne
foi, s'associer volontairement à ses rêves gigantesques ? Tous auraient sans doute courbé momenta-
nément la tête sous le joug dominateur; mais ils l'auraient considéré comme une calamité passagère. Ils
auraient attendu que le torrent eût cessé de rouler
ses ondes, certains qu'il se perdrait un jour dans le
sable aride, et qu'on pourrait fouler à pied sec le sol
sillonné par ses ravages.

Compterait-il sur les secours de ses nouveaux
sujets ? Il les a privés de tout ce qu'ils chérissaient
et respectaient ; il a troublé la cendre de leurs pères
et fait couler le sang de leurs fils.

Tous se coaliseraient contre lui. La paix, l'indépendance, la justice, seraient les mots du ralliement
général ; et par cela même qu'ils auraient été longtemps proscrits, ces mots auraient acquis une puis-
sance presque magique. Les hommes, pour avoir été
les jouets de la folie, auraient conçu l'enthousiasme
du bon sens. Un cri de délivrance, un cri d'union,
retentirait d'un bout du globe à l'autre. La pudeur

publique se communiquerait aux plus indécis ; elle entraînerait les plus timides. Nul n'oserait demeurer neutre, de peur d'être traître envers soi-même.

Le conquérant verrait alors qu'i' a trop présumé de la dégradation du monde. Il apprendrait que les calculs, fondés sur l'immoralité et sur la bassesse, ces calculs dont il se vantait naguère comme d'une découverte sublime, sont aussi incertains qu'ils sont étroits, aussi trompeurs qu'ils sont ignobles. Il rirait de la niaiserie de la vertu, de cette confiance en un désintéressement qui lui paraissait une chimère, de cet appel à une exaltation dont il ne pouvait concevoir les motifs ni la durée, et qu'il était tenté de prendre pour l'accès passager d'une maladie soudaine. Maintenant il découvre que l'égoïsme a aussi sa niaiserie, qu'il n'est pas moins ignorant sur ce qui est bon que l'honnêteté sur ce qui est mauvais ; et que, pour connaître les hommes, il ne suffit pas de les mépriser. L'espèce humaine lui devient une énigme. On parle autour de lui de générosité, de sacrifices, de dévouement. Cette langue étrangère étonne ses oreilles ; il ne sait pas négocier dans cet idiôme. Il demeure immobile, consterné de sa méprise, exemple mémorable du machiavélisme, dupe de sa propre corruption.

Mais que ferait cependant le peuple qu'un tel maître aurait conduit à ce terme ? Qui pourrait s'empêcher de plaindre ce peuple, s'il était naturellement doux, éclairé, sociable, susceptible de tous les sentiments délicats, de tous les courages héroïques, et qu'une fatalité déchaînée sur lui l'eût rejeté de la sorte loin des sentiers de la civilisation et de la morale ? qu'il sentirait profondément sa propre misère ! Les confidences intimes, ses entretiens, ses lettres, tous les épanchements qu'il croirait dérober à la surveillance, ne seraient qu'un cri de douleur.

Il interrogerait, tour à tour, et son chef et sa conscience.

Sa conscience lui répondrait qu'il ne suffit pas de se dire contraint pour être excusable, que ce n'est pas assez de séparer ses opinions de ses actes, de désavouer sa propre conduite, et de murmurer le blâme, en coopérant aux attentats.

Son chef accuserait probablement les chances de la guerre, la fortune inconstante, la destinée capricieuse. Beau résultat, vraiment, de tant d'angoisses, de tant de souffrances, et de vingt générations balayées par un vent funeste, et précipitées dans la tombe !

CHAPITRE XV

Résultats du système guerrier à l'époque actuelle

Les nations commerçantes de l'Europe moderne, industrieuses, civilisées, placées sur un sol assez étendu pour leurs besoins, ayant avec les autres peuples des relations dont l'interruption devient un désastre, n'ont rien à espérer des conquêtes. Une guerre inutile est donc aujourd'hui le plus grand attentat qu'un gouvernement puisse commettre : elle ébranle, sans compensation, toutes les garanties sociales. Elle met en péril tous les genres de liberté, blesse tous les intérêts, trouble toutes les sécurités, pèse sur toutes les fortunes, combine et autorise tous les modes de tyrannie intérieure et extérieure. Elle introduit dans les formes judiciaires une rapidité destructive de leur sainteté, comme de leur but ; elle tend à représenter tous les hommes que les agents de l'autorité voient avec malveillance comme des complices de l'ennemi étranger : elle déprave les générations naissantes ; elle divise le peuple en deux parts, dont l'une méprise l'autre, et passe volontiers du mépris à l'injustice ; elle prépare des destructions futures par des destructions passées ; elle achète par les malheurs du présent les malheurs de l'avenir.

Ce sont là des vérités qui ont besoin d'être souvent répétées ; car l'autorité, dans son dédain su-

perbe, les traite comme des paradoxes, en les appelant
des lieux communs.

Il y a d'ailleurs parmi nous un assez grand nombre
d'écrivains, toujours au service du système dominant,
vrais lansquenets, sauf la bravoure, à qui les désa-
veux ne coûtent rien, que les absurdités n'arrêtent
pas, qui cherchent partout une force dont ils rédui-
sent les volontés en principes, qui reproduisent toutes
les doctrines les plus opposées, et qui ont un zèle
d'autant plus infatigable qu'il se passe de leur conviction. Ces écrivains ont répété à satiété, quand ils
en avaient reçu le signal, que la paix était le besoin
du Monde ; mais ils disent en même temps que la
gloire militaire est la première des gloires, et que
c'est par l'éclat des armes que la France doit s'illustrer. J'ai peine à m'expliquer comment la gloire militaire s'acquiert autrement que par la guerre, ou comment l'éclat des armes se concilie avec cette paix
dont le Monde a besoin. Mais que leur importe ? Leur
but est de rédiger des phrases suivant la direction du
jour. Du fond de leur cabinet obscur, ils vantent,
tantôt la démagogie, tantôt le despotisme, tantôt le
carnage, lançant, pour autant qu'il est en eux, tous
les fléaux sur l'humanité, et prêchant le mal, faute de
pouvoir le faire.

Je me suis demandé quelquefois ce que répondrait
l'un de ces hommes qui veulent renouveler Cambyse
Alexandre ou Attila, si son peuple prenait la parole,
et s'il lui disait : « La nature vous a donné un coup
d'œil rapide, une activité infatigable, un besoin dévo-
rant d'émotions fortes, une soif inextinguible de
braver le danger pour le surmonter, et de rencontrer

des obstacles pour les vaincre. Mais est-ce à nous à payer le prix de ces facultés ? n'existons-nous, que pour qu'à nos dépens elles soient exercées ? Ne sommes-nous là, que pour vous frayer de nos corps expirants une route vers la renommée ! Vous avez le génie des combats : que nous fait votre génie ? Vous vous ennuyez dans le désœuvrement de la paix : que nous importe votre ennui ? Le léopard aussi, si on le transportait dans nos cités populeuses, pourrait se plaindre de n'y pas trouver ces forêts épaisses, ces plaines immenses, où il se délectait à poursuivre, à saisir et à dévorer sa proie, où sa vigueur se déployait dans la course rapide et dans l'élan prodigieux. Vous êtes comme lui d'un autre climat, d'une autre terre, d'une autre espèce que nous. Apprenez la civilisation, si vous voulez régner à une époque civilisée. Apprenez la paix, si vous prétendez régir des peuples pacifiques : ou cherchez ailleurs des instruments qui vous ressemblent, pour qui le repos ne soit rien, pour qui la vie n'ait de charmes que lorsqu'ils la risquent au sein de la mêlée, pour qui la société n'ait créé ni les affections douces, ni les habitudes stables, ni les arts ingénieux, ni la pensée calme et profonde, ni toutes ces jouissances nobles ou élégantes, que le souvenir rend plus précieuses, et que double la sécurité. Ces choses sont l'héritage de nos pères, c'est notre patrimoine. Homme d'un autre monde, cessez d'en dépouiller celui-ci. »

Qui pourrait ne pas applaudir à ce langage ? Le traité ne tarderait pas à être conclu entre des nations qui ne voudraient qu'être libres, et celle que l'univers ne combattrait que pour la contraindre à être juste.

On la verrait avec joie abjurer enfin sa longue patience, réparer ses longues erreurs, exercer pour sa réhabilitation un courage naguère trop déplorablement employé. Elle se replacerait, brillante de gloire, parmi les peuples civilisés, et le système des conquêtes, ce fragment d'un état de choses qui n'existe plus, cet élément désorganisateur de tout ce qui existe, serait de nouveau banni de la terre, et flétri, par cette dernière expérience, d'une éternelle réprobation.

TABLE

Le Gérant : Edmond Schneider

Mayenne, Imprimerie Charles Colin

www.ingramcontent.com/pod-product-compliance
Lightning Source LLC
La Vergne TN
LVHW022019080426
835513LV00009B/797